Édition Spéciale de
PARIS-THEATRE

REVUE BI-MENSUELLE

Melle GEORGES

La Comédie Française

PRIX : 0.75

PARIS THEATRE

Revue bi-mensuelle

*Illustrée de Scènes et Portraits sur toutes les pièces nouvelles
et donnant le compte-rendu critique complet de toutes les premières représentations*

EN VENTE

A tous les Kiosques, Librairies et Gares de Chemins de Fer

NUMÉRO SPÉCIMEN SUR DEMANDE

ADMINISTRATION :

PARIS. — 63, rue Sainte-Anne, 63. — PARIS

LE

Programme Artistique

Illustré de Scènes et Portraits

EST EN VENTE A TOUS LES THÉATRES

DIRECTION ET ADMINISTRATION

PARIS — 63, Rue Sainte-Anne, 63 — PARIS

Pour la publicité s'adresser 63, rue Sainte Anne

TÉLÉPHONE 288-30

L'American Dentist

est le seul et unique au monde qui pose directement sur la gencive les dents ou dentiers complets sans fausses gencives, ni attaches, ni crochets, ni ressorts et laisse le palais entièrement libre.

Ce travail ne nécessite pas de racines, toutefois si elles existent il est inutile de les extraire.

A l'examen le plus méticuleux à l'intérieur, ainsi qu'à l'extérieur de la bouche, on ne voit aucune trace d'artifice.

Il devient inutile de se faire extraire les dents avec le système découvert par le docteur américain. Application absolument nouvelle à toutes les opérations qui se font sans douleur.

21, avenue des Champs-Élysées

PARIS

Docteur Américain Dentiste
*des principales Cours et Ambassades
Ex-Professeur de l'École de Philadelphie*

Prix Modérés

On parle Français, Anglais, Espagnol, Italien, Allemand, Russe, Polonais, Portugais et Turc.

Le Docteur Américain est le seul inventeur de l'émaillage des dents, il rend aux dents déchaussées, carriées, jaunies, un éclat diamanté et les préserve de la carrie.

DEUX SIÈCLES D'INAUGURATIONS

« La Comédie-Française, écrivait Emile Augier, a l'honneur d'être, après l'Académie Française, la seule institution de l'ancien régime qui ait mérité de survivre ;.... elle est non-seulement un monument national, mais un monument historique, qui se lie intimement à l'histoire de notre littérature ».

Et cependant, combien humbles et difficiles ont été les débuts de ce théâtre qui devait exercer une si grande influence et devenir une des gloires littéraires de Paris et de la France !

Après la mort de Molière, la troupe qu'il avait formée avec tant de peine et qu'il animait de son esprit semble, à chaque instant, près de disparaître. Enfin, après sept années de luttes, les trois troupes rivales (celles de l'Hôtel de Bourgogne et du Marais et celle de l'Hôtel Guénégaud) sont réunies, et, de cette réunion, dont on n'apprécie pas tout d'abord les précieux avantages, naît la *Comédie-Française*. Elle a donc aujourd'hui deux cent vingt ans, ce qui est un bel âge pour un théâtre.

Le dimanche 25 août de l'année 1680, elle donne sa première représentation (*Phèdre*, de Racine, et *Les Carosses d'Orléans*, de La Chapelle), dans une salle fort peu confortable, « le Jeu de Paume où pend pour enseigne la bouteille », situé dans la rue des Fossés-de-Nesle, aujourd'hui Mazarine, au bout de la rue Guénégaud, sur l'emplacement qu'occupe actuellement le passage du Pont-Neuf.

La Sorbonne, propriétaire du Collège des Quatre nations, devenu plus tard l'Institut, se trouve déshonorée par le voisinage d'un théâtre. Les Comédiens Français sont obligés de céder et ils achètent, pour s'y installer en 1689, le *Jeu de Paume de l'Etoile* et deux maisons adjacentes, rue des Fossés-St-Germain-des-Prés (n° 14 de la rue des Fossés-Saint-Germain des-Prés, aujourd'hui rue de l'Ancienne-Comédie, et n°⁵ 17 et 19, moins les deux corps de logis en façade, de la rue des Mauvais-Garçons). Ils ont dépensé en frais d'achat et de restauration près de 200.000 francs, mais pour la première fois, ils sont *propriétaires*.

Dans cette salle où, à la fin du dix-septième siècle, le parterre coûtait cinq sous et les loges et galeries dix sous, la Comédie-Française devait rester de 1689 à 1770, c'est-à-dire quatre-vingt-deux ans.

Représentons-nous cet humble local avec ses murs noirs, très élevés, sa scène étroite, son éclairage fumeux formé de lattes en croix sur lesquelles sont fixées des chandelles. Le parterre est debout. Deux rangées de spectateurs sont placées sur la scène et gênent les mouvements des acteurs obligés d'économiser les gestes pour ne pas heurter

(3)

M. JULES CLARETIE

une épée ou renverser un chapeau. Les spectateurs sont très bruyants et très gais et, de la tragédie la plus lugubre, ils font, en y ajoutant des intermèdes de leur façon, le plus amusant des vaudevilles. Les mousquetaires surtout excellent dans ce genre d'exercices. Tantôt ils tournent le dos à la scène, tantôt ils apportent une bassinoire et en l'ouvrant et en la fermant brusquement, accompagnent les passages les plus pathétiques. Comme ils ont des poings solides et une épée bien affilée qui ne demande qu'à sortir du fourreau, comme d'ailleurs ils sont gentilshommes, c'est-à-dire à peu près libres de faire tout ce qui leur plait, les spectateurs les plus ennuyés affectent de rire. De temps en temps les exempts de police interviennent. On les rosse et tout le monde est content.

Que de grandes journées, que d'événements littéraires et dramatiques : débuts d'Adrienne Lecouvreur, de Clairon, de Lekain, de Dugazon, premières représentations de Voltaire, naissance de la mise en scène et de la vérité du costume historique : que de dates importantes rappelle cette salle si incommode et dont ne se contenterait pas, en l'an de grâce 1900, un théâtre de banlieue ! Et aussi que de curieux usages dont la lointaine origine est presque ignorée ! Sait-on, par exemple, que le premier auteur que le public ait obligé — agréable obligation — à venir recevoir les applaudissements sur la scène fut Voltaire, après la représentation de *Mérope*, le 10 février 1743 ?

Si la Comédie-Française, subventionnée par la cassette royale, soutenue par la faveur publique, faisait d'incessants progrès, son local n'en faisait guère. Il tombait en ruines en 1770 et plutôt que de restaurer ce monument *irréparable*, les Comédiens Français préférèrent chercher un gîte moins précaire. Ils s'installèrent dans la salle dite *des Machines*, aux Tuileries, construite en 1671 et que venait d'abandonner l'Opéra.

La troupe n'a jamais été aussi bien composée qu'à cette époque et il suffit pour s'en rendre compte, de citer les noms de Lekain, Molé, Monvel, Larive, Dazincourt, Fleury, de Mmes Dugazon, Raucourt, Sauval cadette, Contat.

Nouveau déménagement en 1783, dans une salle qui vient d'être construite sur l'emplacement de l'Hôtel de Condé, près du Luxembourg, là où s'élèvera plus tard l'Odéon. Cette salle est vaste (1913 places), solidement bâtie, mais l'aspect extérieur du Théâtre est très lourd et l'acoustique aussi mauvaise que possible. Pour la première fois, le parterre est assis et la claque est supprimée. Auteurs et acteurs en réclameront, avec ensemble, le rétablissement.

Le 9 avril 1783, en présence de la reine Marie-Antoinette, de Madame Élisabeth, du comte et de la comtesse de Provence, du comte et de la comtesse d'Artois, la nouvelle salle est inaugurée. Le public siffle une pièce de circonstance, ce n'était pas d'un très bon augure. Heureusement, la troupe recrute sans cesse des talents nouveaux. Le plus grand de tous, Talma, débute le 21 novembre 1787.

Nous arrivons à la période la plus triste de l'histoire de la Comédie-Française. La Révolution a surexcité tous les esprits. Deux partis se forment parmi les comédiens : les démocrates et les royalistes. Talma, quoi qu'il soit habitué à jouer des rôles de roi, devient le chef des démocrates. Les acteurs se séparent, vont jouer sur diverses scènes peu dignes de leur talent. Pour qu'on ne suspecte pas leur civisme, quelques actrices se présentent aux répétitions avec des cocardes tricolores. Une partie de la troupe est emprisonnée et n'est sauvée de l'échafaud que par le dévouement d'un commis au bureau des détenus, Charles de Labussière, à la mémoire duquel, soit dit en passant, la Comédie Française n'a pas payé sa dette de gratitude.

Enfin, le calme succède à l'orage, et en 1794, a lieu, dans la salle du faubourg St-Germain, la réouverture du Théâtre Français ou plutôt du *Théâtre de l'Égalité*.

Cinq ans plus tard, en 1799, le 18 mars, le *Théâtre de l'Égalité*, qui est devenu le *Théâtre de la République*, brûle après la représentation. Une partie des archives est détruite. La statue de Voltaire, par Houdon, est sauvée par des grenadiers du Corps Législatif, d'autres, disent par le peintre Bevalet qui sauva aussi les quinze bustes du foyer. L'incendie est attribué par bien des gens à la malveillance. On arrête le directeur Sageret qui est bientôt relâché.

Remarquez ce curieux détail : le premier Théâtre Français brûle le 18 mars 1799, l'Odéon construit sur ses ruines, brûle le 20 mars 1818, et l'incendie du second Théâtre Français a lieu, comme on sait, le 8 mars 1900.

Après diverses pérégrinations, la troupe de la Comédie-Française, remise de la catastrophe du 18 mars, s'installa au Palais-Royal, dans la salle des *Variétés Amusantes*, construite sur les plans de l'architecte Louis, de 1782 à 1785, sur l'emplacement du Parterre d'Enée. C'est la salle qu'elle occupera du 30 mai 1799 au 8 mars 1900 et qui est inaugurée pour la seconde fois le 29 décembre 1900.

Quoi qu'on la trouvât un peu trop longue, elle avait l'avantage d'être une des plus commodes de Paris, une des mieux disposées intérieurement. L'architecte Louis avait eu surtout en vue « la sûreté et la solidité d'un bâtiment exposé par sa destination au danger des incendies et *il y a parfaitement réussi* ». Ainsi, s'exprimait le rédacteur d'un Guide de Paris en 1818. On voit qu'il n'a pas été bon prophète.

Un premier incendie eut lieu le 31 octobre 1827 dans une galerie du rez-de-chaussée.

On se décida alors à faire des dégagements et à débarrasser le Théâtre de la plupart des échoppes qui l'entouraient.

Les plus importantes restaurations de la salle, après celles de l'architecte Moreau qui, au début du siècle sépara les loges par deux rangs de colonnes, furent faites en 1847, en 1864 (inauguration du nouveau foyer) et en

Théâtre des Variétés Amusantes en 1789 (Aujourd'hui Comédie-Française)

1879. C'est en 1879 que la salle fut entièrement remise à neuf, avec tentures blanc et or et draperies rouges. Le plafond fut peint par Mazerolle et l'ameublement du foyer public fut renouvelé. Les frais de restauration s'élevèrent à 300.000 francs, mais la salle qui n'avait plus que onze ans à vivre devint — comme elle va le redevenir — une des plus belles de Paris, avec ses loges tapissées rouge grenat et son magnifique plafond peint par Jambon et qui représente, dans un gracieux décor formé de treillages, de vases et de balustrades, les trois divinités du lieu : la *Comédie*, la *Tragédie* et la *Poésie*.

Tapisserie exécutée pour la Comédie Française aux Gobelins

IPHIGÉNIE
D'après le modèle de M. Doucet pour le médaillon et M. Galland pour l'entourage

LES COLLECTIONS

De la Comédie Française

Les bâtiments du Théâtre Français contenaient, logées trop à l'étroit, disséminées un peu partout, des œuvres d'art de grande valeur ou de simples curiosités, dont l'ensemble constituait — et continuera de constituer, heureusement — le *Musée Molière*, dont on eut pour la première fois l'idée en 1836.

Dans le vestibule un peu étroit mais assez élégant, avec ses colonnes doriques, on apercevait le Talma de David d'Angers et les deux statues de Rachel et de Mlle Mars par lesquelles le sculpteur Duret avait personnifié la Tragédie et la Comédie.

Dans le vaste escalier qui conduisait à la direction : les portraits de Michot, de Talma, de Mlle Raucourt, de Rachel par Gérôme, de Lekain, dans le rôle d'Orosmane, par Lenoir. On sait que ce dernier tableau qui est très beau a failli être détruit par l'incendie du 8 mars.

Non loin de cet escalier se trouvait la

Le Malade Imaginaire (Le fauteuil où s'est évanoui Molière).

loge de Mlle Mars, occupée ensuite par Rachel, une petite salle de trois à quatre mètres de long, sur deux à trois de large, ornées de très belles gravures du dix-huitième siècle — et dont sans doute il ne reste plus rien.

Dans la galerie qui conduisait au foyer des artistes, Talma dans le rôle d'Auguste, par Delacroix.

Dans le foyer des artistes : à la place d'honneur, le portrait de Molière, d'après Mignard ; une esquisse d'Ingres représentant une scène purement légendaire : *Molière à la table de Louis XIV;* les bustes ou portraits des principaux acteurs de la troupe depuis 1680 (là encore nous trouvons un portrait de Talma, par Lagrenée) ; enfin, deux toiles fort curieuses, dues à un excellent acteur, Geoffroy, qui était en même temps un peintre fort

TAPISSERIE. — Hernani (Modèle de M. Humbert).

remarquable : *les sociétaires en 1840 — et en 1864.*

Dans la salle du Comité : un superbe portrait de Marivaux, par Vanloo.

Dans le Foyer du public dont le plafond peint par Dubufe fils — il n'a pas trop souffert de l'incendie — représentait *le Triomphe de la Vérité*, et dont la magnifique cheminée était ornée d'un bas-relief de Lequesne, *les Comédiens couronnant le buste de Molière*, les regards sont d'abord attirés par une statue qui est peut-être la plus belle du dix-huitième siècle, le Voltaire de Houdon.

On ferait un volume avec l'histoire des pérégrinations de cette statue. Elle fut donnée à la Comédie-Française par Mme Denis, nièce de Voltaire, en 1780, et d'abord reléguée au garde-meuble du théâtre. Mme Denis manifesta l'intention de la reprendre et on se décida à lui donner une place plus convenable. Transportée dans le théâtre du faubourg St-Germain, elle faillit y être brûlée dans l'incendie de 1799. Cent ans après elle échappait avec peine à l'incendie du 8 mars 1900.

C'est aussi dans le foyer du public, que se trouvent les bustes, presque tous remarquables par leur valeur artistique, des principaux écrivains dont les œuvres forment le répertoire du théâtre : Corneille (par Houdon), Molière, Racine, Rotrou, Régnard (par J. Foucou), Crébillon, Marivaux, Piron (offert par le sculpteur Caffieri en 1778), Dufresny, Lesage, Lafontaine, Beaumarchais, (donné à la Comédie-Française, par M. Mathieu-Mesnier en 1853); Andrieux, Picard, Casimir Delavigne, Alfred de Musset, Alexandre Dumas, etc., etc... Il convient de donner une place à part à la belle statue de Georges Sand par Clesinger.

Indépendamment de ces œuvres d'art, la Comédie-Française, possède, classés sous cent cinquante numéros environ, des curiosités qui ont surtout la valeur de souvenirs :

La mâchoire de Molière, donnée par le docteur Cloquet et dont l'authenticité, même pour les plus fervents Moliéristes est très douteuse. On se rappelle que pendant l'incendie un collectionneur fut arrêté par un commissaire de police au moment où il emportait pieusement ce vénérable débris.

La montre de Molière, qui marqua l'heure de tant de succès ; le fauteuil du *Malade Imaginaire*, dans lequel le grand comique s'évanouit quelques heures avant sa mort; la bourse de Corneille, qui fut si souvent vide ; des cheveux de Talma; le diadème de Rachel dans Phèdre et son bracelet, dans le rôle de Pauline de *Polyeucte*.

Le Jeu de l'Amour et du Hasard (Modèle de M. Clairin).

La vraie richesse du Théâtre Français, ce sont ses *Archives*, mine inépuisable pour l'histoire du théâtre, depuis plus de deux siècles, et par conséquent pour l'histoire de Paris. Il suffira de dire pour donner une idée de cette masse de documents qu'on en évalue le nombre à trois cent mille environ.

La pièce capitale c'est un volume in-4°, écrit d'une écriture assez grosse et très lisible, relié sur parchemin et attaché par un cordon de cuir, le *registre de La Grange*, un des meilleurs acteurs de la troupe de Molière, le livre de caisse de la Comédie-Française, en 1659 à 1685, le programme de tous les spectacles donnés pendant cette période, avec le chiffre des recettes et quelques annotations relatives aux principaux incidents qui pouvaient intéresser le théâtre. Ce précieux document a été publié en 1876, par Edmond Thierry.

Les archives du Théâtre Français — auxquelles s'ajoute une riche bibliothèque théâtrale — ont eu la bonne fortune d'être successivement dirigées par deux hommes d'un grand savoir et d'un infatiguable zèle: Léon Guillard et Monval, ancien directeur du *Moliériste*.

Ce dernier réclamait, depuis longtemps, plus de place, plus d'air et de lumière, pour des œuvres d'art, reléguées dans les coins obscurs, pour des documents empilés, enfouis et inabordables. La catastrophe du 8 mars et la restauration du théâtre, auront du moins pour résultat de faire obtenir à la Bibliothèque et aux Archives le local vaste et commode dont elles avaient si grand besoin.

Tapisserie exécutée pour la Comédie Française aux Gobelins

ZAIRE

D'après les modèles de M. Claude pour le Médaillon et Galland pour l'entourage.

COURONNEMENT DU BUSTE DE VOLTAIRE A LA COMÉDIE FRANÇAISE
(D'après le dessin de Moreau le jeune, gravé par Gaucher)

ENTRE DEUX INCENDIES
1799=1900

1799, 30 mars. Inauguration de la salle des *Variétés Amusantes*, au Palais-Royal (Théâtre-Français actuel) On joue le *Cid* et l'*Ecole des Maris*. Le prix des places est porté à 3 livres, 1 livre dix sols, et 1 livre.

1801. Début de Mlle Bourgeois, ancienne blanchisseuse et protégée de M. Chaptal. Un poète du temps lui fait dire :

Tremblez tous devant moi, Fleury, Lafont, Talma
Tremblez tous devant moi, car Monsieur Chaptal m'a.

1802, 2 juillet. Arrêté du Consul constituant en faveur de la Comédie Française une rente annuelle de cent mille francs.

Débuts. Mlle Duchesnois et Mlle George Weymer dans les rôles des *Grandes Princesses*. La rivalité de ces deux actrices amène la formation de deux partis, les *Géorgiens* et les *Carcassiens*. Les Carcassiens, parmi lesquels sont presque tous les acteurs du Théâtre Français, soutiennent Mlle Duchesnois, aussi remarquable par sa maigreur que par son talent.

1803. Un arrêté consulaire réorganise la Société du Théâtre Français. La Comédie-Française assiste en corps aux obsèques de Molé.

1804. La troupe prend le titre de *Comédiens de l'Empereur*.

1808. Mlle George abandonne brusquement le Théâtre-Français et part pour la Russie.

1812. Décret dit de Moscou qui réorganise la constitution du Théâtre-Français. Talma prend d'assaut dans sa loge et soufflette le critique Geoffroy qui s'est permis de lui adresser dans son feuilleton quelques critiques.

1814. La troupe prend le titre de *Comédiens Ordinaires du Roi*, titre qu'elle abandonne en 1815 et reprend en 1816.

1815 17 janvier. Funérailles de Mlle Raucourt. Le curé de St-Roch refuse de recevoir le corps. Les portes de l'église sont forcées. Un ordre du roi prescrit au curé *de rendre à Mademoiselle Raucourt les devoirs funèbres dus à tous les chrétiens*.

1817. Mlle George est officiellement exclue du Théâtre-Français.

1822. Chéron est nommé commissaire du

ADRIENNE LECOUVREUR
(Reproduction de la gravure faite d'après le portrait peint par COYPEL)

roi, près le Théâtre Français. Il est remplacé l'année suivante par Taylor.

1825. Représentation de retraite de Talma, dans la salle de l'Opéra.

1826, 19 octobre. Mort de Talma dans une maison de la Chaussée-d'Antin qui avait appartenu à Mirabeau et sur laquelle le grand artiste avait fait graver ces deux vers :

L'âme de Mirabeau s'exhala dans ces lieux :
Hommes libres, pleurez ! Tyrans, baissez les yeux !

Les obsèques ont lieu le 21 octobre. 30.000 personnes suivent le convoi.

1831. Début de Régnier dans les *seconds comiques*.

1833. Jouslin de la Salle est nommé *directeur de la Comédie-Française*.

1834. Début de Mme Dorval.

1835. Mort de Mme Duchesnois. Les portraits de Talma, par Lagrenée, de Préville et de Damas et le buste de Lekain sont placés dans le foyer des acteurs.

1836. Projet de fondation d'un

PRÉVILLE
dans *Les Folies Amoureuses*
D'après le portrait peint par V.-B. MICHEL

Musée Molière, dans les bâtiments du Théâtre-Français.

1837. Védel est nommé directeur de la Comédie-Française. 12 juin. Début de Mlle Rachel Félix, à dix-sept ans, dans le rôle de Camille des *Horace*. Védel avait résilié son engagement au Gymnase pour l'engager au Théâtre-Français, comme pensionnaire, à raison de quatre mille francs par an.

1840. Védel cesse d'être directeur de la Comédie-Française.

Projet d'une bibliothèque spéciale pour le Théâtre-Français.

1841. Retraite de Mlle Mars. (Rachel prend possession de sa loge).

1844, 17 juillet. Début de Got dans le rôle d'Alexis, des *Héritiers*.

1845 La mort du grand collectionneur de pièces de théâtres, Soleinne, suggère de nouveau

LEKAIN dans *l'Orphelin de la Chine*
D'après le portrait gravé par J.-H. MICHEL

l'idée de fonder une *Bibliothèque du Théâtre-Français*.

1847. Buloz, directeur de la " Revue des Deux Mondes ", est nommé administrateur de la Comédie-Française. Restauration de la salle. Mort de Mlle Mars.

1848. Le Théâtre-Français devient *Théâtre de la République*. Début de Delaunay, dans les amoureux de comédie.

Buloz donne sa démission et est remplacé par Lockroy avec le titre de *commissaire du gouvernement*. L'Assemblée nationale vote en faveur du Théâtre-Français, un secours de cent cinq mille francs.

1849. Arsène Houssaye est nommé directeur de la Comédie Française.

1850. Début de Mlle Madeleine Brohan, dans les premiers rôles de comédie.

1852, 22 octobre. Représentation solennelle à l'occasion de la rentrée à Paris du prince Louis Napoléon, président de la République.

Mlle CLAIRON
dans *Médée*
D'après le portrait peint
par SAINT-AUBIN

Rachel lit une ode d'Arsène Houssaye, composée pour la cérémonie.

1853, 12 avril. Représentation de retraite de Samson, doyen des sociétaires. 15 août. Première représentation gratuite en l'honneur de la Saint-Napoléon. 17 décembre. Représentation extraordinaire au bénéfice de Mlle George.

1854, 6 février. Début de Bressant, dans le rôle d'Edouard d'Ancenis, de *Mon Etoile*, comédie de Scribe.

1855, 23 juillet. Rachel joue pour la dernière fois sur la scène de la Comédie-Française, dans *Andromaque* et *le Moineau de Lesbie*. 13 septem-

Mlle MARS dans *Elmire* de *Tartuffe*.

bre. Représentation gratuite en l'honneur de la prise de Sébastopol.

1856. M. Empis, membre de l'Académie Française et auteur d'un grand nombre de pièces est nommé directeur de la ComédieFrançaise, à la place d'Arsène Houssaye. (Sa direction fut signalée par un grand nombre de reprises). 19 mai. Début de Lafontaine, qui avait brillamment réussi au Gymnase, mais dont le jeu ne parut pas assez sobre sur la scène du Théâtre Français.

1858, 3 janvier. Mort de Rachel, au Cannet, dans la villa de Victorien Sardou. Les funérailles ont lieu au milieu d'une énorme affluence, le 11 janvier. La Comédie Française y assiste en corps et fait relâche le soir.

1859, 22 octobre. M. Edouard Thierry remplace M Empis comme administrateur de la Comédie Française (M. Edouard Thierry, bibliothécaire à l'Ar-

Mlle Georges,
Artiste du Théâtre français,
Et Pensionnaire de S.M. l'Empereur et Roi

senal, publiciste, critique dramatique et littéraire, dût sa nomination au rapport très remarquable dont il avait été chargé le 22 mars 1859 par la commission instituée pour examiner la situation du Théâtre Français. 19 novembre. Décret modifiant sur certains points (et particulièrement pour les droits d'auteur), le décret de Moscou.

1860, 7 décembre. Début, presque inaperçu, de Coquelin aîné, élève de Régnier, dans le rôle de Gros-René du *Dépit Amoureux*. Coquelin avait fait ses premières armes à l'Ecole lyrique de la rue de La Tour-d'Auvergne, dans le rôle d'Orgon de *Tartuffe* et on raconte que lorsqu'au moment de sortir, il prononça ce vers :

Et je vais prendre l'air pour me ras-
(seoir un peu.

une voix aigüe s'éleva dans le poulailler :

C'est ça, va t'asseoir et ne reviens pas !

Mlle Duchesnois.

Clairon et Dumesnil illustrèrent la scène,
L'une étudiait l'esprit. L'autre parlait au cœur
De leur perte aujourd'hui consolant Melpomène,
Duchesnois tour-à-tour les rend au spectateur.

Une répétition de " Cabotins "

Il est probable que rien ne faisait encore prévoir le talent et le succès du futur *Cyrano*.

1861, 22 février. La Comédie Française assiste en corps aux funérailles de Scribe, mort le 20 février, dans sa voiture.

1862, 11 août. Premier début (insignifiant), de Sarah Bernhart, dans le rôle d'Iphigénie d'*Iphigénie en Aulide*. Elle disparaît presque aussitôt de la Comédie Française et passe au Gymnase où elle n'excite aucun enthousiasme.

1863, 31 mars. Samson, doyen des sociétaires, paraît pour la dernière fois sur la scène de la Comédie Française. 12 mars. Début. Mlle Agar, dans le rôle de Phèdre. Elle ne réussit pas et quitte la Comédie Française.

1864, 16 mars. Représentation extraordinaire donnée à l'occasion de l'inauguration du nouveau foyer.

1865, 18 février. Représentation de retraite de Geffroy, doyen des sociétaires depuis le départ de Samson. 5 décembre. Désordres dans la salle à la première d'*Henriette Maréchal*, d'Edmond et Jules de Goncourt.

1866, 16 septembre. Début de Frédéric Febvre, dans *Don Juan d'Autriche*, de Casimir Delavigne.

1867, 13 janvier. La Comédie Française envoie une députation aux obsèques de Mlle Georges, morte le 11 janvier, à Passy, rue du Ranelagh, 31.

1868. Retraite d'Augustine Brohan. 10 juin. Début de Coquelin cadet, dans le rôle de Petit-Jean des *Plaideurs*. 15 juillet au 12 août. Tournée de la Comédie Française en province. 14 décembre. Brillant début de Suzanne Reichemberg, élève de Suzanne Brohan, dans le rôle d'Agnès de l'*Ecole des Femmes*.

1869, 6 juin. Rentrée de Mlle Agar à la Comédie Française.

1870, 7 janvier. Début de Sophie Croizette dans le rôle de la reine du *Verre d'eau*, de Scribe. 18 juillet. Pendant la représentation du *Lion amoureux*, le public enfiévré par la déclaration de guerre, réclame *la Marseillaise*, qui est chantée par Mlle Agar. 16 août. La recette s'élève ou plutôt s'abaisse à 168 fr. 5 septembre. Dernière représentation régulière. Le théâtre est fermé par ordre. 25 octobre. Représentation au profit des victimes de la guerre (recette : 2.968 fr. 50).

Le Mariage de Figaro

4 novembre. Représentation au profit des victimes de Châteaudun.

1871, 19 mars. Fermeture des portes jusqu'au 28 mars. 26 avril. Une partie de la troupe part pour Londres. 8 mai. On joue *Andromaque* et les *Femmes Savantes* (recette : 86 fr.) 21 mai. Fermeture des portes jusqu'au 4 juin.

19 juillet. M. Emile Perrin, ancien de directeur de l'Opéra-Comique et de l'Opéra, succède, comme administrateur la Comédie Française, à M. Edouard Thierry. Sa direction sera signalée par de très grands progrès dans la mise en scène.

1872, 4 juillet. Début de Mounet-Sully, dans le rôle d'Oreste d'*Andromaque*, et de Mlle Rousseil, dans le rôle d'Hermione. Mounet-Sully, avant de débuter à la Comédie Française, avait paru à l'Odéon et aux matinées Ballande. 6 novembre. Nouveaux débuts de Sarah Bernhardt, cette fois très remarqués dans le rôle de Mlle de Belle-Isle, dans la pièce du même nom, d'Alexandre Dumas.

1874. Mounet-Sully est nommé sociétaire.

1875, 15 février. Sarah Bernhardt est nommée sociétaire. 7 juillet. Début de Truffier. 14 octobre. Dîner d'adieu offert à M. Régnier, par les sociétaires.

1876, 8 mai. Représentation de retraite de Mlle Arnould Plessy, après 32 ans de services.

1877, 9 décembre. Banquet au Grand-Hôtel, offert par Victor Hugo à M. Perrin, administrateur de la Comédie Française, et à tous les acteurs jouant dans *Hernani*.

1878, 16 janvier. Worms est nommé sociétaire. 27 février. Représentation de retraite de Bressant. 16 avril. Obsèques de M. Léon Guillard, archiviste-bibliothécaire de la Comédie Française. 30 décembre. Coquelin cadet est nommé sociétaire.

1880, 1er février. Début de Mlle Bartet, dans le rôle de Léa, de *Daniel Rochat*. 9 septembre. Début de M. Leloir, dans le rôle d'Harpagon. 17 septembre. Début de M. de Féraudy dans le rôle de Sosie, d'*Amphytrion*. 21 octobre. Deux centième anniversaire de la fondation de la Comédie Française. 24 décembre. Mlle Bartet est nommée sociétaire. Démission de Sarah Bernhardt, qui est condamnée à 100.000 fr. de dommages et intérêts envers la Comédie Française.

1881, 4 août. Got est nommé chevalier de la Légion d'honneur.

M. Got

1882, 21 janvier. Début de Mlle Kalb, dans le rôle de Valentine du *Demi-Monde*. 27 février. Obsèques de M. Jules Verteuil, secrétaire général de la Comédie Française.

1883, 1er janvier MM. Prudhon et Silvain sont nommés sociétaires. 4 mai. Delaunay est nommé chevalier de la Légion d'honneur.

1884, 31 janvier. Début de M. Le Bargy, dans le rôle de Georges dans *Smilis*, pièce de Jean Aicard.

1885, 29 avril. Obsèques de Régnier, ancien sociétaire. 1er juin. Relâche, à l'occasion des funérailles de Victor Hugo. 17 septembre. Début de A. Lambert fils, dans le rôle de Ruy-Blas. 8 octobre. Mort d'Emile Perrin, administrateur de la Comédie Française. 23 octobre. M. Jules Claretie est nommé administrateur de la Comédie Française.

1886, 27 janvier. Obsèques de Bressant, ancien sociétaire.

1887, 12 janvier. MM. Le Bargy et de Féraudy sont nommés sociétaires. Débuts de M. Berr et de Mlle du Minil. 28 avril. M. Febvre est nommé chevalier de la Légion d'honneur. 4 août M. Maubant est nommé chevalier de la Légion d'honneur.

1888. Début de Mme Segond-Weber, dans le rôle d'Andromaque. Début de Mlle Brandès.

1889, 14 janvier. M. Leloir est nommé sociétaire. 21 février. Réception de M. Jules Claretie à l'Académie Française. 15 mai. Représentation de retraite de Coquelin aîné 14 novembre. Mounet-Sully est nommé chevalier de la Légion d'honneur.

1891, 26 janvier. Désordre dans la salle pendant la représentation de *Thermidor*, de Victorien Sardou. La pièce est interdite le lendemain. 14 février. MM. A. Lambert fils et Paul Mounet sont nommés sociétaires.

1892, 22 septembre. Matinée à l'occasion du centenaire de la République.

1893. M. Georges Berr est nommé sociétaire.

1894, 25, 26 et 27 juin et 1er juillet. Relâche, par suite de l'assassinat du Président de la République. 17 juillet. Déjeûner offert au Pavillon Henri IV, à St-Germain, à Got, pour fêter ses cinquante ans de services. 31 juillet. Coquelin cadet est nommé chevalier de la Légion d'honneur.

1895, 25 octobre. Matinée de Gala à l'occasion du centenaire de l'Institut.

1896, 28 janvier Mlles du Minil et Brandès sont nommés sociétaires. 7 octobre. Soirée de gala en l'honneur de l'Empereur et de l'Impératrice de Russie. Avril. Coquelin est

M. Coquelin cadet

condamé à cesser ses représentations (à la Porte St-Martin), sous peine de 500 fr., puis de 600 fr. de dommages et intérêts à payer à la Comédie Française.

1900 Le 8 mars, vers midi moins un quart, au moment où les artistes se préparaient pour la représentation donnée en matinée (*Bajazet* et le *Député de Bombignac*), le feu prend au Théâtre Français. Mlle Jeanne Henriot, qui devait jouer le rôle de Zaïre, est brûlée dans sa loge.

Pendant la durée des travaux de restauration de la salle du Palais Royal, la Comédie Française joue successivement à l'Opéra, au Nouveau-Théâtre, à l'Odéon et au Théâtre Sarah Bernhardt, place du Châtelet.

29 décembre. Inauguration de la salle reconstruite.

MM. Mounet-Sully et Paul Mounet

L'Inauguration de la Nouvelle Salle

29 DÉCEMBRE 1900

Après dix mois de pérégrinations, la Comédie-Française, expulsée pour cause d'incendie, regagnait enfin son ancien logis.

L'inauguration de la salle restaurée, rajeunie, devait avoir lieu à neuf heures. A huit heures et demie, les portes s'ouvraient et livraient passage au flot des invités.

Comme autrefois, les statues des trois divinités du lieu, — Talma, Rachel et Mars — se dressaient dans le vestibule et, blasées sur les soirées de gala, habi-

M. SILVAIN

huissiers qui portaient, avec toute la solennité désirable les traditionnels chandeliers, décorés pour la circonstance du nom plus auguste de candélabre, le Président de la République entrait dans la salle que remplissait déjà une foule, très obligeante, attentive, et presque émue.

Rien ne manquait à cette fête si littéraire et si parisienne — pas même un roi,

M. TRUFFIER

Mme DUDLAY

tuées depuis longtemps aux défilés officiels, semblaient n'éprouver ni admiration, ni surprise.

Orné de plantes vertes qui rappelaient heureusement la nature dans ce royaume de la convention, l'escalier était égayé ou, si l'on veut, illustré par de somptueuses tapisseries des Gobelins dont les deux plus belles représentent le *Couronnement de Molière* et une scène de *Zaïre*.

Devant les gardes municipaux qui faisaient la haie, sabre au clair, des personnages officiels montaient lentement avec des attitudes nobles et des sourires protocolaires.

A neuf heures dix, précédé de deux

M. Leloir

Léopold II occupait la loge du duc d'Aumale. Tous ceux qui à Paris avoient un nom illustre ou un titre important semblaient s'être donné rendez-vous, dans ce Temple des Muses ouvert de nouveau au culte. Citons au hasard de la plume, parmi ces invités de marque, MM. Paul Deschanel, Detaille, Ludovic Halevy, Roujon, Paul Maurice, Lavedan, Paul Adam, Henri de Bornier, Sully Prudhomme, Carolus-Duran, Bonnat, Henry Houssaye, le prince de Munster, le prince Ourousoff, etc.

Un des prêtres du Temple — et le plus joyeux de tous, — Coquelin cadet venait remercier, au nom de l'Administrateur général, le public sympathique, puis le rideau se levait, sur le décor du 4e acte du *Cid*.

Cet acte, paraissait peut-être un peu ancien et trop connu mais Don Rodrigue, (Mounet-Sully), inaugurait sa rosette d'officier de la légion d'honneur, et les autres rôles dans cette soirée mémorable, étaient tenus par les principaux acteurs tragiques de la troupe.

Le 3e acte *des Femmes Savantes*, joué

Mlle Brandès

M. G. Berr

ensuite, donnait lieu également à une interprétation de premier ordre :

Puis, tandis que le public admirait discrètement et sans bruit, comme il convient à une foule distinguée et officielle, la nouvelle salle avec ses teintes blanches, trop blanches peut-être, le velours éclatant de ses fauteuils et son plafond bucolique, tandis que les vieux abonnés, retrouvent, avec émotion, dans cette salle restaurée, leurs anciennes admirations et leurs vieilles habitudes, le rideau se relevait pour *le Couronnement du buste de Molière*.

La Comédie Française au 29 Décembre 1900

Mlle Delvair

Au moment où la Comédie-Française reprend possession de sa Maison, nous croyons devoir publier les noms de tous ceux qui appartiennent à l'illustre Compagnie, puisque s'ouvre une ère nouvelle que nous souhaitons brillante et prospère, et que tous, ayant été à la peine, méritent d'être à l'honneur :

Administrateur général : M. Jules Claretie.

Contrôleur général, secrétaire : M. E. Duberry.

Caissier-trésorier : M. Toussaint.
Bibliothécaire : M. Monval.
Lecteurs : MM. Paul Perret et Ed. Noël.
Régisseur général : M. Jamaux
Régisseur : M. Bernès.
Chef de musique : M. Léon.
Chef de chant : M. Fauchey.
Dessinateur : M. Chaineux.
Décorateur : M. Devred.
Contrôleur en chef : M. Courcier.
Chef machiniste : M. Nicoulès.
Souffleurs : MM. Gaillard fils et Balcourt.
Avertisseur : M. Derelot.
Chef du personnel : M. Coulon.
Chef des accessoires : M. Bridon.
Service des abonnements : Mme Anton.
Coiffeur des hommes : M. Pontet.
Coiffeur des dames : M. Chaplain.

SOCIÉTAIRES

MM. Mounet-Sully, 1874 ; Worms, 1878 ; Coquelin-Cadet, 1879 ; Prud'hon, 1883 ; Silvain, 1883 ; Baillet, 1887 ; Le Bargy, 1887 ; de Féraudy, 1887 ; Boucher 1888 ; Truffier, 1888 ; Leloir, 1889 ; A. Lambert, 1891 ; Paul Mounet, 1891 ; G. Berr, 1893 ; P. Laugier, 1894 ; Leitner, 1896 ; R. Duflos, 1896.

Mmes Worms-Baretta, 1876 ; Bartet, 1881 ; Dudlay, 1883 ; Pierson, 1886 ; Marie Muller, 1887 ; Kalb, 1894 ; R. du Minil, 1896 ; Brandès, 1896 ; Lara 1899.

PENSIONNAIRES

MM. Joliet, Villain, Falconnier, Hamel, Dehelly, Ch. Esquier, Fenoux, L. Delaunay, Barral, Ravet, Croué, Dessonnes.

Mmes Fayolle, Amel, Persoons, Rachel Boyer, Nancy-Martel, Bertiny, Marguerite Lynnès, Moreno, Lerou, Wanda de Boncza, Leconte, Thérèse Kolb, Delvair, Géniat, Henriette Fouquier, Hartmann-Silvain, S. Weber, Faylis.

Enfin MM. Guitry et Mayer qui n'ont pas encore débuté.

Plus deux petits rôles: MM. Laty et Gaudy.

Rappelons également les membres de la Comédie-Française décorés de la Légion d'honneur :

M. Jules Claretie est commandeur ;
M. Mounet-Sully, officier ;
MM. Delaunay, Maubant, Laroche, Febvre, Got, sociétaires retraités ; Worms, Coquelin cadet, Silvain et Leloir, sociétaires en exercice, chevaliers.

M. Guitry

Texte de M. Henri d'Alméras

Eau du Cardinal Cimol

pour faire pousser infailliblement les Cheveux et la Barbe arrête la chûte et fait disparaître les pellicules.

Conserve et rend aux cheveux leur couleur primitive par la force qu'elle communique à la racine.

Cardinal Cimol's Water

The best lotion for infaillibly causing the growth and preventing the fall of the hair and beard and removing scrufs.

Agua del Cardinal Cimol

Para hacer crecer infaliblemente el cabello y la barba y detener su caida y dispersas pellica.

EN VENTE DANS TOUS LES RAYONS DE PARFUMERIE
Bureau de Commandes : CH. RICHARD, 63, Rue Sainte-Anne, *Paris.*

Émail ALBATRE
Pour les Dents

Cette découverte du docteur américain a obtenu le plus grand succès auprès des principales Facultés du monde entier.

L'**Émail Albatre** est antiseptique, et destiné à *rendre d'une façon définitive* aux dents déchaussées leur blancheur et leur éclat primitif.

Il donne aux dents, même cariées, l'éclat, la blancheur de dents parfaitement saines et leur communique un *aspect diamanté* du plus séduisant effet. De plus, elle renfermit les gencives ; leur donne une couleur rose vif et solidifie les dents déchaussées et branlantes.

Les dents même cariées, jaunies, bleuâtres ou piquées de carie, acquièrent grâce à lui une blancheur éclatante et des reflets qui donnent toute sa grâce au sourire.

En vente dans tous les Rayons de Parfumerie

BUREAU DE COMMANDES
CH. RICHARD
63, *rue Sainte-Anne*
PARIS

POUR
LA BOUCHE
LE VISAGE
LE CORPS

Eau Antiseptique
POUR TOUS LES
SOINS DE LA TOILETTE

Préservatif
INDISPENSABLE
POUR L'USAGE INTIME

CH. RICHARD
En Vente dans tous les *Rayons de Parfumerie,* BUREAU DE COMMANDES, 63, rue Sainte-Anne, PARIS.

Le Secret de la Femme

BEAUTÉ　　　　　JEUNESSE

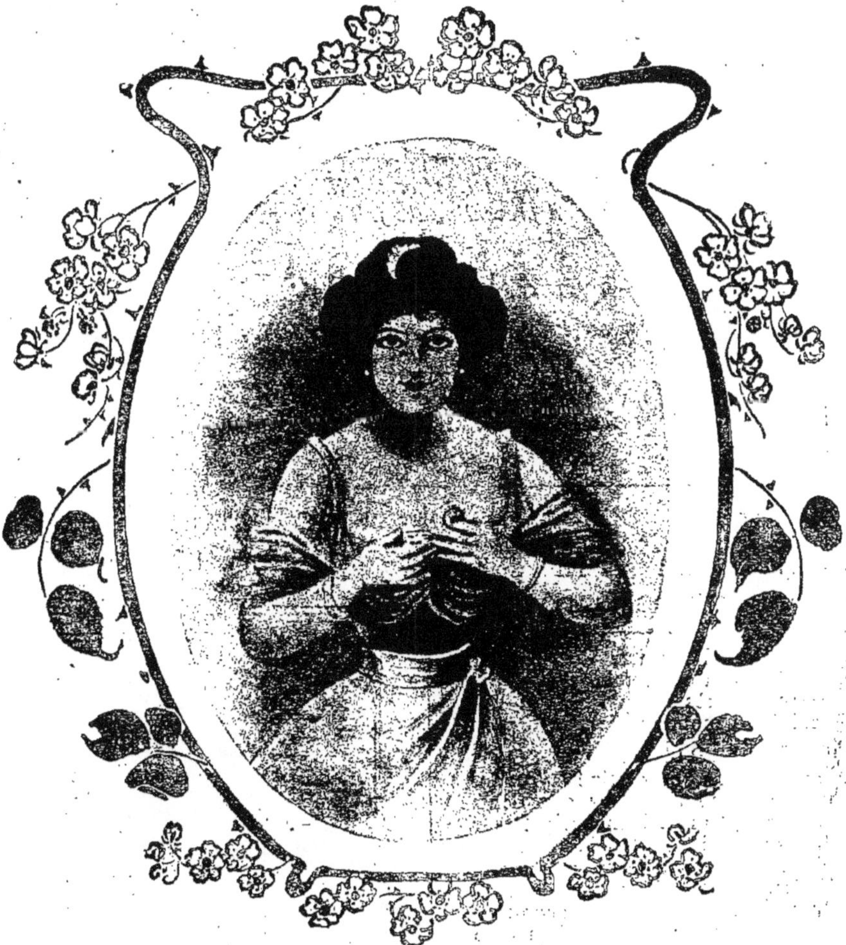

ÉMAIL ALBATRE
POUR LE VISAGE ET LE CORPS

Est d'une adhérence parfaite.

Il efface les rides, assouplit la peau et donne beauté, fraîcheur et jeunesse.

Pratique pour vous toutes, Mesdames, l'"ÉMAIL ALBATRE" est ineffaçable et invisible le jour comme la nuit.

EN VENTE DANS TOUS LES RAYONS DE PARFUMERIE

Dépôt principal: Magasins du Louvre　　　*Gérant:* BÉCHARI

Imprimerie Artistique — CH. RICHARD, 63, rue Sainte-Anne

www.ingramcontent.com/pod-product-compliance
Lightning Source LLC
Chambersburg PA
CBHW070539050426
42451CB00013B/3092